INSTITUT DE FRANCE

ACADÉMIE DES SCIENCES MORALES ET POLITIQUES.

CONSIDÉRATIONS

SUR LA

COMPTABILITÉ EN PARTIE DOUBLE

PAR

M. LÉON SAY

Mémoire lu dans la séance du 19 décembre 1885.

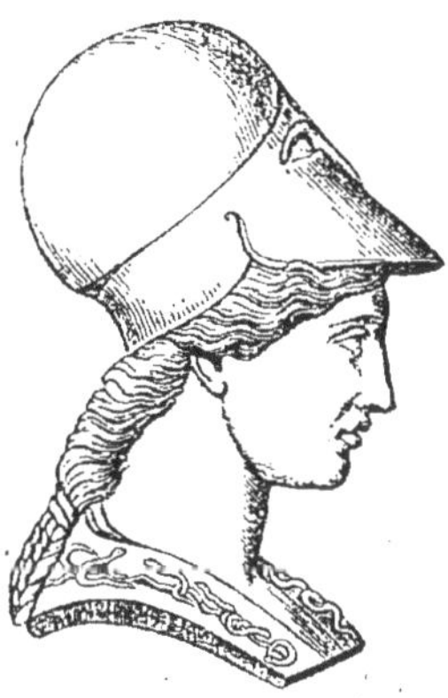

PARIS

TYPOGRAPHIE DE FIRMIN-DIDOT ET Cie

IMPRIMEURS DE L'INSTITUT DE FRANCE, RUE JACOB, 56

M DCCC LXXXVIII

INSTITUT DE FRANCE.

ACADÉMIE DES SCIENCES MORALES ET POLITIQUES.

CONSIDÉRATIONS

SUR LA

COMPTABILITÉ EN PARTIE DOUBLE

PAR

M. LÉON SAY

Mémoire lu dans la séance du 19 décembre 1885.

PARIS

TYPOGRAPHIE DE FIRMIN-DIDOT ET CIE

IMPRIMEURS DE L'INSTITUT DE FRANCE, RUE JACOB, 56

M DCCC LXXXVIII

CONSIDÉRATIONS

SUR LA

COMPTABILITÉ EN PARTIE DOUBLE

PAR

M. LÉON SAY

Mémoire lu dans la séance du 19 décembre 1885.

La comptabilité moderne est un art d'imagination qui porte l'empreinte du génie italien et du génie grec. Elle ne ressemble pas à cette comptabilité vulgaire qui naquit un jour dans le ménage, et fut inventée, sans aucun doute, par les utiles personnes auxquelles on a trop souvent donné la mission de faire la langue.

Catherine de Médicis excellait dans la comptabilité de ménage. Elle tenait elle-même, ou faisait tenir par une de ses dames, son livre de dépenses avec le soin le plus minutieux.

Comme les recettes étaient inscrites d'un côté, et les dépenses de l'autre, un de ses historiens a dit d'elle, que digne fille de banquiers, elle tenait sa comptabilité en partie double. Rien n'est moins vrai. Elle connaissait peut-être la comptabilité en partie double et ses finesses tout italiennes, mais elle ne la pratiquait pas. Elle inscrivait tout simplement dans ses registres, à leur tour de date, le cadeau de noces de Marie Stuart, les gages du gouverneur de ses nains, et le prix des 2,000 pieds d'arbres fruitiers qu'elle envoyait de Tours à Monceaux.

La comptabilité d'imagination, qui a reçu le nom de comptabilité en partie double, est bien autre chose qu'un livre de dépenses. C'est une invention merveilleuse, une sorte de mythologie. C'est une méthode d'évocation qui donne la vie à nos intérêts, c'est-à-dire à tout ce qui se traduit par de l'argent, par des marchandises, par des dettes ou par des créances.

Quand un marchand a fait des achats de marchandises pour 10,000 francs, il peut écrire dans son livre de caisse qu'il a dépensé 10,000 francs. Une seule affaire a donné lieu à une seule écriture; c'est la partie simple.

Mais l'argent dépensé a une contre-partie dans la valeur des marchandises et le marchand a le droit d'espérer que les 10,000 francs dépensés rentreront dans la caisse le jour où les marchandises sortiront du magasin pour être livrées à l'acheteur, qui les payera. L'argent de la caisse est donc en quelque sorte prêté, et on peut décrire l'opération en disant qu'il y a un prêteur, qui est la caisse, et un emprunteur, qui est le magasin. Une seule affaire donne alors lieu à deux écritures : l'une a pour objet la situation de la caisse, et l'autre la situation du magasin; c'est la partie double.

Mais ce n'est pas tout que d'avoir décrit une seule affaire par une double écriture. Il faut encore donner à chacune des deux écritures une personnalité. Le compte où l'on passe l'écriture a comme une vie propre.

Prendre des écus dans sa caisse, c'est pour le marchand qui pratique la partie double, prendre de l'argent à quelqu'un, car la caisse est une personne.

Acheter, avec les écus de la caisse, des marchandises et les faire porter dans son magasin, c'est enrichir une personne, car le magasin est une personne aussi, et on l'a mise en possession des marchandises qui l'enrichissent.

Quand on veut décrire une opération quelconque de commerce, on doit donc supposer qu'elle est faite entre deux êtres. De l'un on fait le créancier et de l'autre le débiteur. Les deux s'arrangeront ensuite ensemble ; l'histoire de ces deux êtres constituera la comptabilité du marchand. Le marchand aura un compte appelé Soie de Chine ; un autre compte appelé Poivre de Goa, ou Cannelle de Malabar, ou Fève d'Égypte, ou Participation à Smyrne. Il en aura d'autres qui porteront les noms de ses facteurs, Barbaro, Rinucci, Marco, ou bien encore d'une localité, Almeria, Tabarca, Famagouste. Soie de Chine doit à Tabarca ; Tabarca doit à Fèves d'Égypte ; Poivre de Goa doit à Marco ; Famagouste doit à Cannelle de Malabar. Toutes ces personnes mènent une vie fort agitée, mais elles se balancent les unes par les autres et, en se balançant, elles se contrôlent.

Les pâtres de l'ancienne Grèce, en se désaltérant à l'eau d'une fontaine, croyaient voir la nymphe des eaux ; ils peuplaient la nature d'une foule d'êtres au milieu desquels ils vivaient comme dans une société supérieure à la société humaine.

Les marchands enfermés dans les villes n'entendent, au milieu de leurs ballots, la voix d'aucune Naïade; c'est tout au plus si, de temps à autre, Éole trouve assez de place pour dégonfler ses outres dans l'étroite *merceria* qui donne accès à leurs magasins. Les dieux du grand air ne se plaisent pas dans les arrière-boutiques. Cependant l'imagination ne perd jamais ses droits. Quand la race des pâtres est devenue marchande, elle a porté dans les affaires le goût qu'elle avait pour les fictions, et elle s'est fait une nouvelle société d'êtres imaginaires, pour ne pas vivre isolée. La caisse et le magasin sont devenus des personnages mythologiques, dieux roturiers qui n'ont d'ailleurs pas manqué d'autels.

Simon Stevin, marchand de Bruges, écrivait dans les premières années du XVIIe siècle son dialogue avec le prince d'Orange sur les avantages de la comptabilité des marchands. « Le marchand, lui disait-il en bas allemand, « mais je cite d'après un traducteur du temps, le mar- « chand parle *débit, crédit, balance ;* fait *Poivre, Gingembre,* « *Capital, Caisse,* débiteurs si bien comme les hommes. » La personnification des comptes et la création d'êtres fictifs, c'était pour Simon Stevin, le marchand de Bruges de 1607, comme c'est encore pour nous aujourd'hui, le caractère principal et distinctif de la comptabilité en partie double.

Les juifs ne l'auraient pas inventée, si on croit avec M. Renan que l'absence complète d'imagination créatrice, et par conséquent de fiction, soit le trait essentiel de l'esprit sémitique. Et cependant les peuples sémitiques ont été et sont encore les premiers marchands du monde, mais ils ne se plaisent que dans le réel.

Il faut, en effet, avoir un goût bien déterminé pour la fiction pour imaginer de décrire ses affaires au moyen d'une conversation entre de prétendues personnes. Tenir ses livres en partie double, c'est causer avec ses opérations comme avec des êtres vivants, et cela est si vrai qu'en italien le teneur de livres est un raisonneur et que si on entre dans les bureaux de la comptabilité, on pénètre dans la « ragioneria », c'est-à-dire dans l'endroit où l'on raisonne et où les grands fondateurs de certaines sociétés modernes ont même déraisonné quelquefois.

L'Italie, du reste, nous a transmis cette locution, et, au XVIIe siècle, Colbert écrivait que les mariniers du Rhône « raisonnaient dans les bureaux de péage », comme si raisonner et compter étaient une seule et même chose.

Il y a peu d'années, sous la Restauration et même sous le gouvernement de Juillet, on appelait encore : livre de raison, le registre de comptabilité qu'on appelle aujourd'hui le grand-livre.

Ce n'est pas chez les peuples positifs comme les Sémites, ce n'est ni à Tyr, ni à Carthage, ni dans Israël, c'est en Italie, c'est à Venise que la comptabilité créatrice d'êtres fictifs a pris naissance au moyen âge. Elle ne pouvait avoir d'autre berceau.

Elle a été probablement inventée par les gardiens de ces bancs où les marchands venaient s'asseoir pour traiter leurs affaires, comme on le fait encore dans les Bourses modernes. Il y avait, dans ces endroits, des gardiens du

Banco, des garçons de cercle, comme on dirait aujourd'hui, et ces garçons de cercle sont devenus bientôt les caissiers communs de tous les marchands qui fréquentaient le Banco.

Ils avaient à suivre des opérations souvent très compliquées, et, pour mieux se les rappeler, ils ont inventé une langue imagée qui leur permît de décrire tout ce qui se faisait dans leur Banco et de dresser des tableaux dont l'exactitude pût se vérifier d'un coup d'œil.

Il y a des ouvrages du XVe siècle qui parlent déjà de la comptabilité en partie double comme d'une méthode courante et qui, afin d'instruire les marchands, donnent les règles à suivre pour la bonne tenue des livres. Lucas Paccioli, franciscain du Bourg de Saint-Sépulcre, a fait un traité de comptabilité en partie double intitulé : *Somme d'arithmétique*. Il n'est pas le seul d'ailleurs et il a été sans doute précédé et certainement suivi par beaucoup d'autres.

« Il est hors de doute, dit un auteur italien, M. Bona-
« lumi, que non seulement Venise, mais encore Florence,
« Pérouse et Gênes avaient adopté la partie double depuis
« longtemps quand le frère de Saint-Sépulcre est venu au
« monde et qu'il a écrit sa *Somme* en 1494. »

Le professeur Richeri a fait des découvertes intéressantes sur les écritures de la commune de Gênes au moyen âge. Il parle d'un registre qu'on peut voir encore de nos jours aux archives de Saint-Georges, registre qui porte la date de 1348 et dont les premières pages seules font défaut.

C'est le livre du *massaro* général de la commune, ou, en d'autres termes, du trésorier municipal. Il est très différent des autres livres de caisse. C'est la véritable partie double.

Dans ce registre, les comptes se suivent, arrangés dans un ordre alphabétique ; on y trouve d'abord les comptes de prévision, c'est-à-dire le budget préalable, puis les comptes du trésorier, c'est-à-dire le relevé des sommes effectivement reçues et payées par le trésorier; enfin, les comptes individuels, c'est-à-dire le compte des diverses personnes qui étaient en relation d'affaires et de service avec la commune.

Toutes les recettes figurent à la charge du trésorier général et à la décharge des collecteurs. Tous les payements sont portés au crédit du trésorier et en même temps au débit des personnes qui en ont profité.

En 1348, la comptabilité en partie double était donc une méthode connue; elle était même adoptée par les marchands depuis longtemps, car, dans un autre manuscrit de saint Georges, plus ancien de quarante-cinq ans et daté de 1303, on lit le passage suivant qui y fait allusion :

« Les comptes des communes doivent être tenus avec la « même méthode dont usent les banquiers pour obvier « aux erreurs qui se produisaient auparavant. »

De l'Italie, la comptabilité en partie double s'est répandue, mais avec lenteur, dans toute l'Europe, en Allemagne, en Flandre, en France et en Angleterre.

Il est incontestable que ce fut un immense progrès pour le monde commercial. Il est même difficile de comprendre comment on pourrait de nos jours s'en passer dans les affaires. Elle est pour les commerçants ce que l'algèbre est pour les arithméticiens. C'est une méthode de solution des problèmes commerciaux sans laquelle il semble qu'on ne pourrait pas les résoudre. Si les chefs des grandes maisons de banque, comme celles qui existent aujourd'hui sur toute la surface du monde, étaient obligés de conserver, pour ainsi dire, dans des dossiers séparés, tout ce qui se rapporte à chacune de leurs multiples affaires; s'ils étaient obligés de décrire leurs opérations, en écrivant, au jour le jour, une sorte d'histoire du mouvement des marchandises, des espèces et des correspondants de leur maison, il leur serait impossible d'en avoir une vue complète, à moins de jouir d'une mémoire tout à fait miraculeuse.

On ne conçoit pas, d'ailleurs, plus facilement comment les mathématiciens de nos jours arriveraient à résoudre certains problèmes s'ils n'avaient pas l'algèbre à leur disposition.

Cependant, quoiqu'il nous soit difficile, ou même impossible de le concevoir, il n'en est pas moins vrai que l'antiquité a fait des affaires de banque et de marchandises sur la plus vaste échelle sans avoir connu la comptabilité en partie double, et qu'Euclide, Archimède et d'autres ont pu résoudre les problèmes mathématiques les plus ardus sans avoir connu l'algèbre.

Les grands mathématiciens de l'antiquité avaient évidemment imaginé d'abord des procédés de généralisation et ensuite des moyens d'abréger les longs raisonnements; cependant c'était probablement par des raisonnements très longs qu'ils arrivaient à leurs solutions. Aujourd'hui, nous nous perdrions certainement dans la longueur de leurs raisonnements.

La comptabilité en partie double généralise et raccourcit le raisonnement comme l'algèbre, en réunissant sous une même forme, qui est celle d'une personne vivante, toutes sortes de faits et de rapports. Nous sommes habitués à comprendre la vie complexe des êtres qui nous entourent. En transformant nos affaires en êtres vivants pour suivre leurs mouvements variés, nous arrivons à les comprendre, parce que nous avons l'habitude de comprendre la complexité de la vie.

Au cours des opérations algébriques, les calculateurs sont obligés quelquefois de faire entrer une série de résultats dans une formule, et, pour y arriver, ils remplacent simplement par une lettre les résultats acquis par leurs calculs antérieurs. Ils ont une conception plus nette de leur formule quand ils l'ont ainsi constituée, parce qu'ils l'ont raccourcie et simplifiée. C'est la même substitution que nous opérons dans la comptabilité quand nous créons des personnes fictives pour obtenir une représentation simple des affaires compliquées.

Le procédé est, d'ailleurs, analogue à un autre procédé dont se sont servis les anciens quand ils ont employé les noms de César ou d'Auguste pour désigner leurs empereurs. Au lieu de dire d'un magistrat qu'il avait la puissance tribunitienne, qu'il était censeur, qu'il réunissait, en un mot, dans sa personne une foule d'attributions diverses, on a dit plus simplement qu'il était un César ou un Auguste, c'est-à-dire un magistrat jouissant de tous les pouvoirs que César et Auguste s'étaient attribués. C'était plus simple pour le peuple; c'était plus simple aussi pour l'empereur, qui se présentait pour ainsi dire en bloc et offrait moins de prise à la discussion.

La comptabilité en partie double est donc, comme l'algèbre, un moyen de corriger la faiblesse de notre entendement. Si notre esprit était plus puissant, nous pourrions nous en passer; on n'est obligé de se servir de lunettes que parce qu'on a de mauvais yeux. L'enfant prodige, qui résout les problèmes les plus compliqués et extrait de tête des racines cinquièmes, n'a pas besoin des procédés de ce genre : les solutions sont pour lui des faits, il les voit.

Le juif cambiste qui estime le profit à retirer de la transformation de la monnaie qu'il a dans les mains, en une autre monnaie et de celle-là en une autre encore, jusqu'à ce qu'il ait fait le tour du monde où l'on monnaye et qu'il soit revenu à sa monnaie primitive; ce juif cambiste, né changeur, n'a pas besoin de calculer. Il voit le résultat, comme par un sens spécial. Nous ne raisonnons pas quand nous voyons, entendons, sentons : nous éprouvons des sensations. Si on pouvait saisir, sans travail de tête et sans combinaisons de l'esprit, le résultat de toutes les affaires qu'on entreprend, on les ferait en se passant de la comptabilité.

Les peuples jeunes de l'antiquité avaient des instincts que nous avons perdus. L'instinct des affaires suppléait particulièrement chez les peuples sémitiques et supplée encore en partie chez leurs descendants à tous les procédés inventés par le génie moderne. Les Phéniciens faisaient sans doute de plus grandes affaires que n'en font aujourd'hui la plupart des commerçants de nos petites villes, et cependant ils ne tenaient pas leur comptabilité avec la même perfection que les petits marchands de nos villages. Ils ne connaissaient pas la partie double. La comparaison peut ne pas leur être favorable, ils n'en faisaient pas moins de bonnes affaires.

La comptabilité en partie double est certainement un des outils les plus utiles qu'on ait pu inventer, mais on peut dire qu'elle n'a autant d'utilité que parce qu'elle supplée à notre faiblesse.

Il n'est pas contradictoire d'ajouter que son emploi présente les plus graves dangers : l'habitude de raisonner avec des êtres fictifs fait trop souvent perdre le sentiment de la réalité; il y a des commerçants qui peuvent de bonne foi se croire au-dessus de leurs affaires, parce qu'ils lisent sur la liste de leurs débiteurs le nom de beaucoup de personnages auxquels ils croient qu'ils pourront un jour redemander leur argent; mais qu'arrivera-t-il si Tabarca, Cannelle de Malabar et les autres débiteurs sur lesquels ils comptent, sont des personnages trompeurs, si ce sont des êtres fictifs représentant une créance devenue irrécouvrable? Ils seront pauvres au lieu d'être riches, ils seront au-dessous de leurs affaires alors qu'ils pouvaient croire le contraire.

Ce n'est pas tout : si on peut se tromper soi-même, on peut aussi tromper les autres, ce qui est pis ; et rien n'y porte davantage que de s'entourer d'êtres imaginaires dont on peut dire qu'on est le créancier. C'est toujours en abusant des comptes qui sont censés représenter quelque chose et qui ne représentent rien que les marchands malhonnêtes induisent en erreur ceux avec lesquels ils sont en affaires et qu'ils se font attribuer un crédit auquel ils n'ont aucun droit.

Si on voulait faire une histoire complète de la comptabilité en partie double, on devrait donc faire le compte du mal en même temps que du bien qu'elle a produit. On n'aurait pas le droit de supprimer le chapitre des tromperies qu'elle a rendues faciles, et ce chapitre serait si long qu'il n'en finirait pas.

Faut-il en conclure qu'on doit condamner la partie double comme une des erreurs de l'humanité? Non sans doute. Car il n'y a pas d'invention dont on ne puisse dire la même chose, parce qu'il n'y en a pas dont on ne puisse abuser. Les plus ingénieuses sont même le plus souvent les plus dangereuses. Le mal qu'on peut faire avec les découvertes de la science est incalculable, comme les progrès qu'elles ont fait naître.

La comptabilité en partie double mérite qu'on en dise tout le bien et tout le mal qu'on a dit du crédit. Les deux se valent, car c'est le développement du crédit qui a rendu nécessaire la partie double. Le siècle du crédit ne pouvait être que le siècle de la comptabilité en partie double.

Mais c'est évidemment parce qu'elle est tout à la fois bonne et mauvaise, qu'elle a mis un si grand nombre d'années à conquérir le monde des affaires. Elle n'a été employée pendant longtemps que par les banquiers et les grands marchands qui avaient des comptoirs au loin et qui monopolisaient entre leurs mains tout le commerce d'importation de l'Extrême Orient. Les petits marchands locaux, les artisans, les propriétaires, les cultivateurs durent conserver leurs anciennes habitudes. Il y en a même qui les ont conservées jusqu'à nos jours.

Il faut, en outre, ajouter probablement à la liste des fidèles de l'ancien régime la plupart des juifs dont le sentiment de la réalité était blessé et qui ne s'engageaient pas volontiers sur le terrain de la fiction. Que ce soit par le peu d'empressement des juifs ou par la routine des chrétiens, la vieille et la nouvelle méthode ont certainement vécu sans se pénétrer, et pour ainsi dire côte à côte pendant des siècles.

A une époque où la partie double paraissait régner sans conteste dans les grandes affaires, la partie simple subsistait cependant encore avec ses procédés primitifs, et même elle employait, pour se renforcer, tous les artifices des peuples jeunes.

Les moyens mnémoniques vont de pair avec la comptabilité en partie simple; ils en sont un des caractères secondaires.

On sait en quoi consistent les moyens mnémoniques auxquels nous faisons allusion. Ceux des boulangers sont les plus connus; lequel d'entre nous n'a pas vu dans nos villes, lequel ne voit pas dans nos villages des porteuses de pain courant de maison en maison, un grand anneau de fer à la ceinture dans lequel sont enfilées de petites tablettes de bois qu'on appelle des tailles? A chaque client correspond une tablette; chacun d'eux a sa place marquée dans l'anneau par une taille à laquelle il est fait une encoche toutes les fois qu'on lui apporte son pain.

La taille et les moyens mnémoniques du même genre tiennent dans la comptabilité en partie simple la place que tient le compte courant dans la comptabilité en partie double.

Il ne faut pas croire, en effet, que la méthode toute primitive des tailles ait été restreinte aux petits marchands de pain ou de denrées de consommation courante ; il y avait de très grandes maisons de commerce qui employaient les moyens mnémoniques et se servaient de planchettes au nom de chacun de leurs correspondants, pour conserver la mémoire de leurs comptes.

C'est un usage qui date de très loin, car on a retrouvé certaines tablettes plus ou moins analogues dans les fouilles de maisons romaines, et ces tablettes paraissent avoir constitué une comptabilité dans l'antiquité. A la fin du siècle dernier, on pouvait rencontrer des faits semblables en France. Je ne puis pas dire que j'en aie constaté de mes yeux, je ne crois même pas que la génération qui m'a précédé ait pu le faire davantage, mais j'en ai entendu parler par des personnes auxquelles leurs pères l'avaient conté comme en ayant été témoins.

On m'a dit qu'on avait pu voir, il y a une centaine d'années, dans quelques villes du Midi de la France, chez de grands marchands, une salle au plafond de laquelle étaient suspendues des baguettes en bois. Chacune de ces baguettes était la représentation d'un client et portait les signes, par écriture ou par taille, des opérations faites avec ce client.

Ne pourrait-on pas rapprocher ces baguettes et les tailles des boulangers des fameux quipos du Pérou?

Les Espagnols de Pizarre et d'Almagro ont décrit ces quipos ou ces cordes. Ils les ont représentés comme des fils d'environ deux pieds de long, fortement tordus et terminés par des sortes de franges composées de fils plus petits.

Ils furent très surpris d'apprendre que c'était des comptes que les gouverneurs de province envoyaient à la capitale et qui constituaient les éléments de la comptabilité nationale.

Les Espagnols, en voyant les quipos pendus dans les salles d'archives du Pérou, regardaient ces moyens mnémoniques avec une curiosité méprisante. Ils considéraient comme des barbares des peuples auxquels l'écriture était inconnue et qui, en plein XVIe siècle, ne savaient tenir leurs comptes que par des procédés si enfantins. Et pourtant leur chef, Pizarre, ne savait ni lire ni écrire.

Nous n'en sommes plus aux quipos du Pérou, mais nous nous sommes servis pendant bien longtemps de moyens non moins barbares.

La comparaison avec le Pérou n'est pas tout entière à notre honneur, puisque nous avions inventé l'écriture et que nous aurions pu nous en servir pour tenir nos comptes.

En Angleterre, il a fallu des centaines d'années pour amener le triomphe de la nouvelle comptabilité sur l'ancienne. Il ne faut pas remonter à plus de quarante années en arrière pour constater à Londres l'existence de maisons de banque de premier ordre, dont la comptabilité n'était pas encore tenue en partie double.

Quant aux moyens mnémoniques, on peut en trouver des traces plus nombreuses et plus récentes en Angleterre que partout ailleurs, et les gardiens de l'Échiquier en conservent des reliques singulières.

Tous les ans, depuis le XIIIe jusqu'au milieu du XIXe siècle, un clerc de l'Échiquier sortait, d'un vieux sac de cuir déposé aux archives, 10 fers à cheval avec 61 clous et 2 couteaux, et il faisait remarquer qu'il y avait un des couteaux qui coupait mal.

Cette exhibition avait lieu devant les officiers de la Cité de Londres pour leur rappeler que, depuis l'année 1235, ils avaient à payer chaque année à la Couronne d'Angleterre une redevance fixe en raison de la jouissance d'un lieu dit « la Forge », dans le Strand. Ce n'était pas du tout le simulacre d'un hommage féodal comme il y en a eu tant, et comme il en existe peut-être encore dans certains pays. Car ce n'était pas le débiteur clerc de la Cité qui apportait au créancier clerc de l'Échiquier les fers, les clous et les deux couteaux, dont un mauvais, et qui montrait, en coupant deux baguettes, que c'était bien vrai qu'il y avait un des couteaux qui était bon et un autre qui était mauvais, — détail bizarre, dont l'objet était de fixer les sonvenirs; — c'était le clerc de l'Échiquier qui faisait venir l'autre devant lui, qui sortait en sa présence du vieux sac de cuir toutes les vieilles reliques, et qui, après avoir tout sorti et tout compté, lui demandait 13 shellings pour lui avoir montré tout cela.

C'était donc un créancier qui appelait par-devant lui son débiteur et qui lui mettait, on peut le dire, son doigt sur son compte courant, compte courant mnémonique tenu de manière à frapper l'esprit du forgeron le moins comptable, mais qui constituait aussi un genre de comptabilité : la mnémonique, qui était comme le livre auxiliaire de la comptabilité en partie simple.

Ce n'est pas tout. Il y a d'autres pièces moins anciennes mais non moins curieuses dans les archives de l'Échiquier, et ces pièces conservent la mémoire d'une comptabilité par tailles dont la perfection a été poussée aussi loin que possible et est restée en usage jusqu'à la fin du siècle dernier.

Je veux parler des bons du Trésor en tablettes et en baguettes. Il y a un de ces bons qui porte la date relativement récente du 29 octobre 1739, dont un fac-similé a été donné dans un *Blue Book* de 1869 et qui est comme une simple taille de boulangère. On appelait également, d'ailleurs, ces bons des « tailles », et en voici la description :

Les tailles de l'Échiquier anglais étaient de deux sortes : les unes s'appelaient tailles de *sol* et les autres tailles de *pro*.

Les tailles de *sol* étaient des reçus, et on les avait ainsi appelées parce qu'elles formaient le moyen de constater le fait qu'une somme d'argent avait été payée, *Solutum*.

Une taille de *sol* était faite d'une branche de saule dont la longueur ne dépassait pas cinq pieds ; elle était grossièrement équarrie sur les quatre faces, avec un pouce d'épaisseur dans tous les sens. Sur une des quatre faces, la somme était exprimée en coches ; sur chacune des deux autres faces, les faces attenantes à celle qui avait été taillée, l'écrivain de la taille traçait en lettres et en chiffres romains le montant de la somme, puis il fendait la baguette en long, la divisant ainsi en deux parties qui gardaient chacune la taillade de toutes les coches. La première moitié constituait la taille, et était remise à la personne qui avait fait le versement de la somme à l'Échiquier : l'autre moitié constituait la contre-taille ou le talon.

Les coches étaient de différentes grandeurs : celles de

1 pouce 1/2 voulaient dire 10,000 livres; celles de 1 pouce, 100 livres; celles de 3/8es de pouce, 10 livres. Une demi-coche de 3/8es de pouce voulait dire une livre, et ainsi de suite avec décroissance du creux pour signifier jusqu'à 2 sous.

Les tailles de *pro* étaient au contraire des moyens de payement et fonctionnaient comme aujourd'hui les chèques qu'on délivre sur un banquier; on payait avec cette taille un fournisseur quelconque ou un créancier en lui donnant le droit d'en toucher le montant chez un percepteur.

Le percepteur, pour faire honneur à la taille du *pro,* prélevait la somme sur l'argent qu'il avait encore en caisse et qui devait être versée plus tard à l'Échiquier. La taille qu'il retirait des mains du fournisseur était produite ensuite comme argent par lui pour faire décharger d'autant son compte avec le Trésor.

La taille de *pro* était ainsi nommée parce qu'on la délivrait *pro,* c'est-à-dire au profit d'une personne dont le nom était mentionné sur une des faces. Elle était considérée tout à la fois comme un instrument de recette et comme un instrument de dépense, parce que, d'une part, on utilisait les recettes à l'avance à un moment où elles n'étaient pas encore sorties des mains du receveur, et, d'autre part, on acquittait une dette puisqu'on la remettait en payement au créancier qui en touchait plus tard le montant. Aussi appelait-on également ces tailles des tailles d'assignation ou des tailles d'anticipation.

La taille anglaise était un singulier moyen de comptabilité; par les coches, c'était un moyen mnémonique de se rappeler les sommes dont il s'agissait; par la fente en long, c'était un mode de reconnaissance, une marque qui servait au débiteur et au créancier à se reconnaître ; par les mentions sur les faces, c'était tout simplement de l'écriture sur bois.

On a de la peine à se figurer ces deux méthodes de comptabilité, partie simple et partie double, subsistant côte à côte pendant un si grand nombre d'années, car tout diffère, principe et détails, dans la partie double et dans la partie simple.

Le compte sculpté en bois est la comptabilité matérielle par excellence, tandis que le compte transformé en personnage est la comptabilité la plus idéale qu'on puisse imaginer. La première méthode convient aux affaires terre-à-terre où l'on compte avec une sorte d'avarice ; la seconde aux affaires élevées où l'on compte avec une sorte d'enthousiasme. Et, si on entre dans les détails d'application, quoi de plus opposé que la taille et le compte courant !

La taille est un procédé mnémonique de la comptabilité en partie simple ; le compte courant est un procédé raisonné de la comptabilité en partie double.

Il est donc bien difficile de comparer les deux comptabilités l'une à l'autre ; les idées dont elles procèdent n'ont pas de point de contact et leurs modes d'action n'ont pas d'analogie.

La partie simple, avec ses salles d'archives aux baguettes pendues, avec ses petits bûchers pleins de petites tablettes, a de bien solides avantages ; elle a, si l'on veut, les meilleures qualités, mais elle a le pire des défauts : comme la jument de Roland, elle est morte.

La partie double, avec ses comptes imaginés et imaginaires et ses balances qui fait connaître à l'œil exercé du maître l'état de ses affaires à la fin de chaque mois ou même de chaque semaine et au besoin de chaque jour, présente sans doute des inconvénients très graves. Souvent elle perd de vue le réel et se laisse emporter par l'imagination. Mais elle est vivante. Si elle a les défauts de notre temps, elle en a les avantages. Elle risque, mais elle marche.

Que faut-il donc conseiller au comptable qui hésiterait à faire un choix? Faut-il l'engager à revenir à la partie simple du vieux temps? Elle lui serait insuffisante et s'y attacher serait s'exposer à la raillerie. Si un comptable entreprenait de faire revivre la comptabilité en partie simple, ce serait le cas de dire qu'on s'apitoyerait sur son compte.

Faut-il lui conseiller la partie double avec tous les dangers dont elle est environnée? Sans aucun doute. Mais en même temps il faut l'avertir d'être prudent et de se méfier de ce qui lui reste de mythologie dans la tête. On peut donner une personnalité à ses affaires : c'est un moyen de les bien étudier; mais il ne faut pas leur donner deux visages ni prêter à la pauvreté le masque de l'abondance.

Et, puisque j'ai parlé mythologie et fable, j'emploierai leur langage en finissant pour dire aux comptables qui tenteraient d'abuser de la partie double que, s'il est beau d'animer Galatée, il est mal de la séduire.

Paris. — Typ. Firmin-Didot et Cie, impr. de l'Institut, rue Jacob, 56. — 21539.

www.ingramcontent.com/pod-product-compliance
Ingram Content Group UK Ltd.
Pitfield, Milton Keynes, MK11 3LW, UK
UKHW032036260826
14628UKWH00006B/2999

9 782019 720186